# Mamá

## Quiero Escuchar tu

## Historia

Publicado por Midsummer Bloom Books
1621 Central Ave, Cheyenne, WY 82001, EE. UU.

Primera edición: junio de 2025
Impreso en los Estados Unidos de América

# Índice

# Tu Historia Comienza Aquí

¿Conoces esa mirada que te dan tus hijos cuando encuentran una foto antigua de ti con un peinado alocado y sueños aún más atrevidos? O cuando descubren tu anuario del instituto y no pueden creer que esa seas tú. Es esa mezcla de sorpresa y fascinación, como si de repente se dieran cuenta de que mamá tuvo toda una vida antes de ser, bueno, mamá.

Aquí está el asunto: este libro no es solo otro cuaderno. Es un lugar para capturar todas esas historias que normalmente solo salen a la luz en conversaciones nocturnas en la cocina o en largos viajes en coche. Porque detrás de la mamá que revisa tareas, hace citas con el médico y que, de alguna manera, siempre sabe dónde están las zapatillas de fútbol perdidas, hay toda una persona con aventuras y sueños que tus hijos apenas están empezando a descubrir.

Claro, ellos te conocen como mamá: la experta en organizar horarios, la que cura raspones y la que planea las fiestas de cumpleaños. ¡Pero hay mucho más en tu historia! La adolescente que tenía una impresionante colección de pósters de bandas, la joven que viajó sola o consiguió su primer empleo. Has recorrido un gran camino para convertirte en la mamá que eres hoy.

Escribe todo aquí: tus sueños de infancia, tu primer desamor, tus momentos de mayor orgullo, el día en que te diste cuenta de que estabas lista para ser mamá. No te preocupes por hacerlo perfecto. Las historias reales también tienen arrugas y manchas de café.

Tómate tu tiempo: entre las idas al colegio y las compras, entre los cuentos para dormir y las mañanas a las carreras. Llena estas páginas con los recuerdos que te formaron, y los momentos que te hicieron reír, llorar o crecer. Porque algún día, cuando tus hijos sean mayores, entenderán que "mamá" no es solo un título; es parte de una increíble historia que aún se está escribiendo.

Entonces, ¿qué dices, mamá? ¿Lista para compartir tu viaje? Detrás de esos cuentos para dormir que les cuentas a tus hijos, está tu propia historia esperando ser contada. Y créeme, es una que tus hijos atesorarán para siempre.

## Cómo Usar Este Libro

Esta es tu historia: no hay un orden que seguir ni reglas que cumplir. Elige cualquier pregunta que despierte un recuerdo y comienza a escribir. Salta de una a otra, vuelve más tarde o detente en los momentos que más signifiquen para ti.

Recuerda, estas preguntas son solo puertas a tus memorias. Tus respuestas pueden llevarte por caminos inesperados, y eso está perfectamente bien. Este libro no trata de escribir perfecto, sino de capturar tu viaje único con tu propia voz.

En cada mañana apresurada,

En cada beso de buenas noches,

Hay una historia detrás de la madre que vemos,

De sueños, esperanzas y una niña que corría libre.

Antes de ser "mamá" con todas las respuestas a la
vista,

Estabas escribiendo tu historia, día y noche.

Ahora comparte esos capítulos, salvajes y reales,

De todas las aventuras que te formaron tal y como
eres.

# 1

# Pequeño Soñador

*Mamá, nos encantaría saber cómo eras cuando eras pequeña. ¿Cómo era la vida cuando tenías nuestra edad? Cuéntanos sobre tus aventuras de la infancia y los primeros recuerdos que te marcaron.*

# Primer Hogar

*El hogar es donde comienza nuestra historia: esas paredes que fueron testigo de tus primeros pasos, tus primeras palabras y tus primeros sueños. ¿Cómo era el lugar donde diste tu primer respiro y comenzaste a descubrir el mundo?*

1. ¿Cómo era tu casa de la infancia?

2. ¿Cuál es el recuerdo más antiguo que tienes de ese lugar?

3. ¿Te mudaste durante tu infancia? Si es así, ¿cómo viviste ese cambio?

# El Viaje de la Abuela

*La influencia de tu madre marcó no solo tu infancia, sino también el legado que sigue vivo en nuestra familia hoy. Cuéntanos sobre la mujer detrás de la abuela de la que tanto hemos oído hablar.*

1. ¿Cuál es tu recuerdo favorito de pasar tiempo con tu madre durante tu infancia?

2. ¿Cómo describirías la personalidad de tu mamá y qué la hacía única?

3. ¿Qué era lo que más le gustaba hacer a tu mamá? ¿Te gustaba hacerlo con ella?

# La Sabiduría del Abuelo

*El hombre que te crió dejó huellas en tu corazón que formaron a la persona que eres hoy. ¿Cómo era realmente tu papá? Nos encantaría escuchar las historias que capturan su esencia y el vínculo que compartieron.*

1. ¿Cómo era tu papá mientras crecías y qué admirabas más de él?

2. ¿Cuáles son tus recuerdos más preciados de los momentos que pasaste con tu papá?

3. ¿Cómo demostraba tu papá su amor por ti y por la familia?

# Círculos Familiares

*Esos primos, tías y tíos añadieron color y carácter a tu mundo de infancia. Sus rostros familiares crearon un tapiz de pertenencia que iba más allá de tu familia inmediata.*

1. ¿Qué tía o tío tuvo la mayor influencia en tu infancia y por qué?

2. ¿Qué tradiciones o actividades especiales disfrutabas con tus primos?

3. ¿Qué historias graciosas de la familia recuerdas?

# Aromas de Cocina

*Algunos recuerdos viven en los aromas: el pan horneándose, las co-midas de los domingos cocinándose a fuego lento, las especias de las fiestas danzando en el aire. ¿Qué sabores de la cocina de tu infancia han perdurado contigo a lo largo de los años?*

1. ¿Qué comidas eran las más comunes en tu hogar de la infancia?

2. ¿Quién cocinaba en tu familia y cuál era su plato estrella?

3. ¿Qué utensilios o electrodomésticos de cocina recuerdas de tu infancia?

# Días en el Parque

*Los días de la infancia se extendían llenos de posibilidades. Corriendo libres, inventando juegos, construyendo mundos con la imaginación. ¿Cómo pasabas esas horas doradas de libertad cuando eras pequeña?*

1. ¿A qué juegos jugabas con otros niños en tu barrio?

2. ¿Cuál era tu actividad favorita al aire libre en cada estación?

3. ¿Qué juguetes o cosas para jugar eran las más populares durante tu infancia?

# Días de Escuela

*Las puertas de la escuela se abren a un universo de descubrimientos, desafíos y crecimiento. Esas primeras aulas no solo nos enseñan, también moldean cómo nos vemos en el mundo. ¿Cómo era la escuela cuando eras niña?*

1. ¿Qué recuerdas de tu primer día de escuela?

2. ¿Quién era tu maestra o maestro favorito y qué lo hacía especial?

3. ¿Qué materias disfrutabas más y cuáles menos en la primaria?

# Amistades de la Infancia

*Las amistades de la infancia son los primeros puentes que construimos desde nuestra familia hacia el mundo exterior. Esas amistades nos enseñan nuestras primeras lecciones de conexión y confianza. ¿Quién caminó a tu lado en esos primeros años?*

1. ¿Quién fue tu mejor amiga o amigo durante la infancia y cómo se conocieron?

2. ¿Qué actividades o juegos disfrutaban hacer juntos?

3. ¿Alguna vez tuvieron desacuerdos? ¿Cómo los resolvieron?

# Traviesuras de la Infancia

*Toda infancia tiene su cuota de travesuras y pequeños desastres; esos momentos que parecían enormes en su momento pero que ahora nos hacen sonreír. ¿Qué pequeñas aventuras colorearon tus primeros años?*

1. ¿Cuál fue la travesura más grande que hiciste cuando eras niña?

2. ¿Alguna vez rompiste algo valioso o te metiste en problemas en la escuela?

3. ¿Qué accidente o herida de la infancia recuerdas con más claridad?

# Reglas y Tareas

*Tu hogar de la infancia tenía su propio conjunto de responsabilidades que ayudaron a formar la persona en la que te convertirías. Desde tender la cama hasta alimentar a las mascotas, esas primeras lecciones te enseñaron a ser parte de una familia.*

1. ¿De qué tareas eras responsable a diferentes edades?

2. ¿Cómo ganabas o recibías dinero para tus gustos cuando eras niña?

3. ¿Cómo te castigaban cuando rompías las reglas?

# Rincones Favoritos

*Incluso la niña más querida necesita a veces un rincón secreto, un lugar que le pertenezca solo a ella. Esos santuarios suelen guardar nuestros pensamientos y sueños más privados.*

1. ¿A dónde ibas cuando querías estar sola de niña?

2. ¿Creaste algún escondite o fuerte especial durante tu infancia?

3. ¿Qué solías hacer en tus lugares secretos?

# Primera Aventura

*Toda gran aventura comienza con un solo paso. Esa primera experiencia de exploración, ya sea al otro lado de la ciudad o del mundo, abre nuestros ojos a lo vasto y maravilloso que puede ser el mundo.*

1. ¿Cuál fue tu primer viaje o aventura importante lejos de casa?

2. ¿Cuántos años tenías y quién fue contigo en esa aventura?

3. ¿Qué te sorprendió o impresionó más de esa nueva experiencia?

# Sueños de la Infancia

*Mucho antes de que la realidad moldeara nuestras decisiones, nuestros corazones jóvenes soñaban sin límites. Esas primeras visiones, ya sea que se hayan cumplido o no, nos ofrecen ventanas a lo que alguna vez esperábamos ser.*

1. ¿Qué querías ser cuando crecieras?

2. ¿Quiénes eran tus héroes o modelos a seguir en la infancia?

3. ¿En qué eras realmente buena y qué disfrutabas hacer?

# 2

# Creciendo Alas

*¡Tu adolescencia debió ser tan diferente de la nuestra!*
*¿Cómo era crecer mientras descubrías quién querías ser?*
*Queremos saber sobre tus amistades, sueños y desafíos*
*durante esos años de juventud.*

# Estilo Adolescente

*La ropa que colgaba en tu armario de adolescente era una declaración de quién eras y quién querías ser. Desde las tendencias que todos seguían hasta tus toques únicos, ¿cómo te expresabas a través de tu estilo?*

1. ¿Cuáles eran los estilos de ropa populares cuando eras adolescente?

2. ¿Qué conjunto de ropa de tu adolescencia recuerdas con más claridad?

3. ¿Hubo alguna elección de moda que tus padres desaprobaran o te prohibieran usar?

# Círculos de Amistad

*Esos amigos que conocían tus secretos y compartían tus risas dejaron huellas en tu corazón. Las personas que estuvieron a tu lado durante esos maravillosos años de adolescencia moldearon quién eres hoy.*

1. ¿Quiénes fueron tus amigos más cercanos durante tu adolescencia?

2. ¿Qué actividades o intereses compartías con ellos?

3. ¿Pudiste mantener alguna de esas amistades en tu vida adulta?

# Días de Secundaria

*Los pasillos de la secundaria resuenan con vítores, susurros y los pasos de quienes estábamos en camino de descubrir quiénes seríamos. Esos años formativos nos marcan de formas que solo reconocemos décadas después. ¿Cómo era la vida escolar en tu época?*

1. ¿En qué actividades extracurriculares o deportes participaste?

2. ¿Tu escuela tenía tradiciones o eventos especiales que todos esperaban con ansias?

3. ¿Cómo fue tu ceremonia de graduación?

# Momentos Musicales

*La banda sonora de nuestra juventud se convierte en el himno de nuestros recuerdos. Esas canciones que te hicieron bailar, llorar o soñar en grande aún tienen el poder de transportarte a quien fuiste.*

1. ¿Qué bandas o músicos escuchabas cuando eras adolescente?

2. ¿Asististe a algún concierto o evento musical memorable?

3. ¿Hubo alguna canción o álbum que capturara perfectamente tu experiencia como adolescente?

# Creciendo Entre Desafíos

*La adolescencia es un mundo de prueba y error, donde los errores se convierten en peldaños hacia la sabiduría. Esos desafíos, una vez superados, construyen la fortaleza que nos acompaña toda la vida.*

1. ¿Cuál fue uno de los mayores errores o malas decisiones que tomaste como adolescente?

2. ¿Cómo manejabas la presión académica o las clases difíciles?

3. ¿A quién acudías en busca de consejo cuando enfrentabas situaciones complicadas?

# Maestros Especiales

*Algunos maestros hacen más que enseñar materias; nos enseñan sobre la vida y nos ayudan a ver posibilidades en nosotros mismos que nunca imaginamos. Su influencia va mucho más allá de las paredes del salón de clases.*

1. ¿Qué maestro tuvo el impacto más significativo en tu adolescencia?

2. ¿Qué materia o habilidad enseñaba, y qué lo hacía especial?

3. ¿Qué es lo mejor que un maestro te enseñó?

# Lugares de Encuentro Adolescente

*Cada generación reclama su territorio: esos lugares especiales donde los jóvenes se reúnen para socializar. Esos puntos de encuentro se convierten en el escenario de algunos de los momentos más memorables de la vida.*

1. ¿Dónde solías reunirte con tus amigos después de la escuela o los fines de semana?

2. ¿Había algún restaurante, centro comercial o lugar de recreación popular donde pasaran el tiempo juntos?

3. ¿Qué actividades solían hacer cuando salían con amigos?

# Páginas de Diario

*Si las páginas de tu diario de adolescente pudieran hablar, ¿qué historias contarían? Esos pensamientos y observaciones privadas, ya sea que las escribieras o las guardaras en tu corazón, capturaron el mundo a través de ojos jóvenes.*

1. ¿Llevaste un diario o escribiste en un cuaderno durante tu adolescencia?

2. ¿Qué temas o eventos habrían dominado tus entradas?

3. Si pudieras enviarle un breve mensaje a tu yo adolescente, ¿qué consejo le darías?

# Sueños del Mañana

*Los años de secundaria trajeron los primeros pensamientos serios sobre el adulto que podrías llegar a ser. Estas primeras visiones, ya fueran ambiciosas, prácticas o completamente descabelladas, guían nuestros primeros pasos hacia el futuro.*

1. ¿Qué carrera o camino de vida imaginabas para ti cuando eras adolescente?

2. ¿Qué pasos diste durante tu adolescencia para alcanzar tus metas futuras?

3. ¿Se hicieron realidad los sueños que tenías de adolescente o la vida te llevó por caminos diferentes?

# 3

# Encontrando Tu Camino

*Antes de convertirte en nuestra mamá, estabas descubriendo tu propio camino en la vida. ¿Cuáles eran tus sueños y aventuras cuando eras una mujer joven? Tenemos curiosidad por saber más sobre tu vida antes de que llegáramos.*

# Dejando el Nido

*Ese momento en el que giraste la llave de tu propio lugar marcó una de las mayores transiciones de la vida. Estar por tu cuenta abrió un capítulo lleno de emocionante libertad y realidades inesperadas.*

1. ¿Cuándo y por qué te mudaste por primera vez de la casa de tus padres?

2. ¿Qué fue lo que más te sorprendió de vivir sola por primera vez?

3. ¿Qué habilidades tuviste que aprender rápidamente al estar por tu cuenta?

# Primeros Trabajos Serios

*El camino de nuestra vida laboral rara vez es recto. Esos primeros trabajos y experiencias profesionales —ya sean escalones o tropiezos— no solo moldean nuestros currículos, sino también nuestro carácter.*

1. ¿Cuál fue tu primer trabajo serio o puesto profesional después de terminar la escuela?

2. ¿Qué fue lo que más te sorprendió del mundo profesional?

3. ¿Qué habilidades valiosas aprendiste en tus primeras experiencias laborales?

# Lecciones de Dinero

*La independencia financiera es uno de los mayores retos y recompensas de la adultez. Esas primeras experiencias con presupuestos, cuentas y facturas enseñan lecciones que ninguna clase puede ofrecer.*

1. ¿Cómo administraste tu primer presupuesto independiente?

2. ¿Qué errores financieros te enseñaron lecciones importantes?

3. ¿Cómo ahorraste para compras importantes o metas personales?

# Compras para Ti Misma

*Cuéntanos sobre esas primeras compras en las que gastaste el dinero que ganaste con tu propio esfuerzo. ¿Recuerdas la emoción de tomar tus propias decisiones sin pedir permiso?*

1. ¿Cuál fue la primera compra significativa que hiciste con tu propio dinero?

2. ¿Hubo algo para lo que ahorraste durante mucho tiempo? ¿Valió la pena la espera?

3. ¿Cuál fue la compra más significativa que hiciste para ti misma?

# Estilo Personal

*¿Cómo te expresabas a través de tu ropa al comenzar tu vida adulta? Comparte la evolución de tu estilo personal durante esos años: desde las influencias de la moda hasta los outfits que más te hacían sentir tú misma.*

1. ¿Quién o qué influenció tus decisiones de moda mientras crecías?

2. ¿Había algún atuendo o accesorio que te hiciera sentir particularmente segura de ti misma?

3. ¿Qué prenda o accesorio has conservado durante más tiempo y por qué?

# Nuevos Horizontes

*Piensa en las mudanzas y viajes que expandieron tu mundo como joven adulta. Ya sea al otro lado de la ciudad o del mundo, ¿cómo cambiaron estas experiencias la forma en que veías el mundo y tu lugar en él?*

1. ¿Cuál fue la mudanza o viaje más significativo que hiciste como joven adulta?

2. ¿Cómo decidiste a dónde ir y cómo llegar allí?

3. ¿Qué aprendiste sobre ti misma a través de los viajes o mudanzas?

# Aprendiendo y Creciendo

*Tu educación no terminó con la graduación. ¿Qué conocimientos buscaste mientras construías tu vida adulta? Reflexiona sobre cómo seguiste cultivando tu mente a través de estudios formales o habilidades autodidactas que te abrieron nuevas puertas.*

1. ¿Qué educación o capacitación adicional buscaste después de la secundaria?

2. ¿Cómo decidiste qué estudiar o aprender?

3. ¿Qué habilidades aprendiste por tu cuenta, fuera de la educación formal?

# Las Personas Elegidas

*A medida que construimos nuestras vidas adultas, creamos una familia elegida de amigos y mentores. Estas relaciones forman la red de apoyo que nos sostiene cuando caemos y celebra con nosotros cuando triunfamos.*

1. ¿Quiénes fueron las personas más importantes en tu vida durante tus primeros años de adultez?

2. ¿Cómo mantuviste las viejas amistades mientras hacías nuevas?

3. ¿Quién te guió cuando comenzabas tu vida como adulta?

# Espacios para Vivir

*Piensa en ese primer lugar que fue verdaderamente tuyo: quizá pequeño o modesto, pero completamente propio. ¿Cómo fue crear tu primer espacio de vida adulta y descubrir tus propias preferencias sobre cómo debería sentirse un hogar?*

1. ¿Cómo era tu primer departamento o casa?

2. ¿Cómo amueblaste o decoraste tus primeros espacios?

3. ¿Quiénes fueron tus compañeros de cuarto o vecinos, y qué dinámicas se desarrollaron?

# Descubriendo Tu Fuerza

*Recuerda esos momentos en los que te sorprendiste a ti misma con tu capacidad y valentía. ¿Qué experiencias ayudaron a construir tu confianza como una mujer joven que se mantenía por sí sola?*

1. ¿Qué logro te hizo darte cuenta de tus propias capacidades?

2. ¿Qué desafío parecía imposible hasta que lo superaste?

3. ¿Cómo manejabas las críticas o los contratiempos cuando eras joven adulta?

# Decisiones Valientes

*El crecimiento ocurre en los límites de nuestra zona de confort. Esos momentos en los que elegiste el camino incierto sobre el seguro a menudo conducen a los capítulos más memorables de tu historia.*

1. ¿Cuál fue la decisión más audaz o el mayor riesgo que tomaste en tus primeros años de adultez?

2. ¿Cómo decidías si valía la pena tomar grandes riesgos?

3. ¿Qué oportunidad inesperada cambió la dirección de tu vida?

# 4

# Corazones Entrelazados

*Siempre nos hemos preguntado cómo se conocieron tú y papá. ¿Cómo comenzó su historia de amor? Cuéntanos sobre su primera cita y los momentos que los llevaron a formar una vida juntos.*

# Primeros Encuentros

*Piensa en ese momento en el que tus ojos se cruzaron con los de papá por primera vez, ese día ordinario que cambiaría todo. ¿Qué estaba pasando en tu vida cuando sus caminos se cruzaron y qué detalles recuerdas de verlo por primera vez?*

1. ¿Dónde y cuándo se conocieron tú y papá?

2. ¿Qué estaba ocurriendo en tu vida cuando conociste a papá?

3. ¿Cuál fue tu primera impresión de papá?

# Conociéndolo

*Esas primeras citas estaban llenas de nervios y emoción. Comparte esos primeros momentos juntos: las conversaciones y pequeños descubrimientos que te hicieron querer pasar más tiempo con esa persona tan especial.*

1. ¿Cuál fue tu primera cita oficial con papá?

2. ¿Qué actividades disfrutaban hacer juntos al comenzar a salir?

3. ¿Qué aprendiste sobre papá durante esas primeras citas que te sorprendió?

# Manteniéndose en Contacto

*Antes de que los celulares mantuvieran a todos conectados todo el tiempo, ¿cómo se mantenían en contacto tú y papá entre encuentros? Cuéntanos sobre las formas especiales en las que comunicaban sus sentimientos mientras su amor crecía.*

1. ¿Cómo se mantenían en contacto entre citas o durante tiempos separados?

2. ¿Papá te escribía notas o cartas? ¿Tú le escribías a él?

3. ¿Cuál fue el regalo más memorable que papá te dio?

# Superando Tormentas

*Toda relación enfrenta desafíos. ¿Qué obstáculos superaron juntos tú y papá y cómo fortalecieron esos retos los cimientos de su relación?*

1. ¿Qué obstáculos o desafíos enfrentaron?

2. ¿Hubo malentendidos o desacuerdos que pusieron a prueba su relación?

3. ¿La distancia, preocupaciones familiares u otras circunstancias los separaron alguna vez?

# Haciéndose Serios

*Recuerda ese momento en el que te diste cuenta de que esto no era solo una relación casual. Comparte el instante en el que supiste que esta relación era algo realmente especial que podría durar toda la vida.*

1. ¿Cuándo te diste cuenta de que esta relación se estaba volviendo seria?

2. ¿Cuánto tiempo llevaban juntos cuando ambos supieron que esto era especial?

3. ¿Cuáles fueron los grandes momentos que hicieron su relación más seria?

# La Gran Pregunta

*El momento de la propuesta ocupa un lugar especial en cada historia de amor. Llévanos de regreso a cuando papá te pidió matrimonio: dónde estaban, cómo te lo pidió y cómo te sentiste en ese instante.*

1. ¿Cómo y dónde te propuso matrimonio papá?

2. ¿Qué detalles recuerdas más vívidamente de ese momento?

3. ¿Le contaste a alguien inmediatamente después? ¿Cómo reaccionaron?

# El Día de la Boda

*Tu día de boda estuvo lleno de detalles planeados y sorpresas inesperadas. ¿Qué momentos se destacan con más claridad cuando piensas en el día en que te convertiste en esposa?*

1. ¿Cuál fue el momento más memorable de tu día de boda?

2. ¿Cómo elegiste tu vestido de novia y cómo era?

3. ¿Qué tradiciones o toques personales incluyeron en su ceremonia?

# Recuerdos de Luna de Miel

*La luna de miel suele ser la primera aventura que una pareja emprende junta después de decir «sí, acepto». Es un momento para celebrar, conectar y crear recuerdos que duren toda la vida.*

1. ¿A dónde fueron de luna de miel y cómo eligieron ese destino?

2. ¿Cuáles fueron los momentos más memorables de su luna de miel?

3. ¿Ocurrió algún evento inesperado durante el viaje? ¿Cómo lo manejaron?

# Comenzando Juntos

*Esos primeros días de vida matrimonial tienen una magia única. ¿Cómo era la vida cuando recién comenzaban su vida juntos como pareja casada?*

1. ¿Dónde vivían cuando recién se casaron y cómo eligieron ese lugar?

2. ¿Cómo era su situación económica como recién casados?

3. ¿Qué cosas especiales comenzaron a hacer juntos como pareja recién casada?

# 5

# Convertirse en Mamá

*El día en que te convertiste en madre lo cambió todo. ¿Cómo fue cuando nos sostuviste por primera vez? Nos encantaría saber tus pensamientos y sentimientos al asumir este nuevo rol.*

# Esperando al Bebé

*Esos meses antes de la llegada de un bebé mezclan emoción con nerviosismo. Piensa en ese tiempo especial de anticipación: ¿cómo te preparaste para el bebé que cambiaría todo?*

1. ¿Cómo preparaste tu hogar para la llegada de tu primer bebé?

2. ¿Qué clases o recursos utilizaste para aprender sobre el embarazo y la crianza?

3. ¿Qué cosas cambiaste en tu vida para prepararte para el bebé?

# Historia del Nacimiento

*El día en que conociste a tu bebé cara a cara estuvo lleno de momentos inolvidables. Desde las primeras contracciones hasta finalmente sostener a tu bebé en brazos, las historias de nacimiento permanecen con las mamás para siempre.*

1. ¿Quién estuvo contigo durante el trabajo de parto y el nacimiento?

2. ¿Qué recuerdas con más claridad al ver a tu bebé por primera vez?

3. ¿Qué sentimientos te invadieron en esos primeros momentos de sostener a tu recién nacido?

# Días Nuevos

*Esos primeros días en casa con tu bebé fueron una mezcla de agotamiento y asombro mientras descubrías a esa pequeña personita. ¿Recuerdas esas noches sin dormir y los momentos llenos de maravilla?*

1. ¿Cómo fue tu primera noche en casa con tu primer bebé?

2. ¿Qué desafíos enfrentaste en esos primeros días cuidando a un recién nacido?

3. ¿Cómo aprendiste a cuidar al bebé?

# Convertirse en Mamá

*La maternidad no solo añadió un título a quién eras, sino que te transformó desde adentro. ¿Cómo navegaste este profundo cambio de identidad mientras mantenías partes de tu vida previa a ser mamá?*

1. ¿Cómo cambiaron tus rutinas diarias después de convertirte en madre?

2. ¿Cuándo te sentiste por primera vez segura en tu rol como mamá?

3. ¿Qué actividades o prácticas te ayudaron a acostumbrarte a ser madre?

# Sorpresas Inesperadas

*Ningún libro sobre bebés o columna de consejos puede prepararte completamente para la realidad. ¿Qué fue lo que más te sorprendió al tener un bebé comparado con lo que imaginabas?*

1. ¿Qué te sorprendió más sobre la realidad de tener un bebé?

2. ¿Qué aspecto de la maternidad fue más fácil de lo que esperabas?

3. ¿Qué te hubiera gustado saber sobre ser madre que nadie te contó?

# Creciendo la Familia

*Cada familia encuentra su tamaño ideal entre la planificación y las circunstancias. Cuéntanos tus ideas sobre construir nuestra familia: cómo decidiste el momento, la diferencia de edades y cómo preparaste a los hermanos entre sí.*

1. ¿Cómo decidiste si tener más hijos después del primero?

2. ¿Cómo preparaste a tus hijos para la llegada de un nuevo miembro en la familia?

3. ¿Qué diferencias notaste entre tu primer embarazo/parto y los siguientes?

# Relaciones Cambiantes

*La llegada de un bebé reorganiza todas las relaciones dentro de la familia. ¿Cómo cambió todo entre tú y papá, con los abuelos y con tu círculo de amigos al convertirte en mamá?*

1. ¿Cómo cambió tu relación con papá después de convertirse en padres?

2. ¿Cómo se mantuvieron unidos tú y papá después de tener hijos?

3. ¿Te uniste a algún grupo de madres o hiciste nuevas amistades de mamás?

# 6

# El Ritmo de la Vida Familiar

*Nuestra vida familiar siempre ha tenido sus rutinas y momentos especiales. ¿Cómo creaste nuestro mundo cotidiano? Comparte las pequeñas pero significativas partes de criarnos que hicieron de nuestro hogar un lugar único.*

# Rutinas Matutinas

*Tus mañanas como mamá a menudo comenzaban antes de que todos los demás estuvieran despiertos. ¿Cómo eran esas primeras horas mientras preparabas a la familia para un nuevo día?*

1. ¿A qué hora te despertabas normalmente como mamá?

2. ¿Cuál era tu secuencia matutina: qué tareas hacías primero, segundo, tercero?

3. ¿Cómo lograbas que todos estuvieran listos y salieran de casa cada mañana?

# Amor en la Cocina

*Las comidas que preparabas no solo llenaban nuestros estómagos, sino que también creaban recuerdos y tradiciones. ¿Cómo enfrentabas el desafío diario de alimentar a la familia, desde la planificación hasta la preparación?*

1. ¿Cómo planeabas las comidas para nuestra familia?

2. ¿Cuáles eran tus recetas o platos favoritos que preparabas con frecuencia?

3. ¿Cómo organizabas las compras del supermercado?

# Cuestiones de Dinero

*Criar una familia implica tomar miles de decisiones financieras. Piensa en cómo establecías prioridades y tomabas decisiones difíciles sobre lo que realmente necesitábamos y lo que podía esperar.*

1. ¿Cómo manejaban tú y papá las decisiones financieras y la planificación del presupuesto?

2. ¿Cómo enseñaste a tus hijos sobre el dinero y su manejo?

3. ¿Qué cosas sacrificaste o dejaste de lado para apoyar las finanzas de la familia?

# Reservas de Energía

*La maternidad exige dar sin descanso, pero todas necesitamos recargar energías. ¿Cómo encontrabas momentos para recuperar fuerzas cuando parecía que todos necesitaban algo de ti?*

1. ¿Qué actividades o prácticas te ayudaban a recargar energías durante los años ocupados de crianza?

2. ¿Cómo encontrabas tiempo para ti misma mientras asumías las responsabilidades familiares?

3. ¿Qué hacías cuando sentías que tu energía estaba completamente agotada?

# Trabajo en Equipo en el Hogar

*Cada hogar desarrolla su propio ritmo sobre quién se encarga de qué responsabilidades. Comparte cómo se dividían las tareas en nuestra casa: entre los padres, con los hijos, y cómo esas dinámicas cambiaron a medida que la familia crecía.*

1. ¿Cómo se dividían las responsabilidades del hogar entre tú y papá?

2. ¿Qué tareas asignaban a los niños según sus edades?

3. ¿Qué responsabilidades del hogar encontrabas más desafiantes?

# Alegría Cotidiana

*Entre los horarios ocupados y las responsabilidades diarias, encontraste formas de hacer especiales los momentos ordinarios. ¿Qué pequeñas tradiciones o placeres simples incorporaste a nuestra vida familiar?*

1. ¿Qué rituales simples o pequeñas tradiciones alegraban los días ordinarios?

2. ¿Cómo creabas momentos de felicidad sin gastar mucho dinero?

3. ¿Qué objetos o experiencias cotidianas adquirieron un significado especial en nuestra familia?

# Al Final del Día

*Cuando caía la noche, guiabas a la familia desde las actividades hacia el descanso con rituales nocturnos. ¿Cómo eran esas preciosas horas del final del día en nuestro hogar mientras todos se preparaban para dormir?*

1. ¿Cuál era la secuencia típica de tu rutina nocturna con la familia?

2. ¿Cómo organizabas la hora de dormir para niños de diferentes edades?

3. ¿Qué actividades o rutinas nocturnas ayudaban a la familia a relajarse al final del día?

# Haciendo que las Fiestas sean Nuestras

*Aunque las fiestas tienen celebraciones tradicionales, tú añadiste toques especiales que las hicieron únicas para nosotros. ¿Qué tradiciones personales creaste que dieron a nuestras celebraciones un sabor especial?*

1. ¿Qué tradiciones de fiestas creaste que eran únicas para nuestra familia?

2. ¿Cómo cambiaron o evolucionaron ciertas tradiciones festivas con los años?

3. ¿Qué fiesta era en la que más te esforzabas para que fuera especial, y por qué?

# Celebraciones de Cumpleaños

*Los cumpleaños no eran solo otro día en nuestra familia: eran días especiales en los que hacías que el cumpleañero se sintiera realmente único. Comparte cómo creaste magia en estas celebraciones.*

1. ¿Qué tradiciones de cumpleaños estableciste para que cada niño se sintiera especial?

2. ¿Alguna vez hubo desastres de cumpleaños que terminaron siendo historias graciosas de la familia?

3. ¿Cómo comparaban las celebraciones de cumpleaños en nuestra familia con cómo celebrabas los tuyos cuando eras niña?

# Raíces Familiares

*Nuestra historia familiar no comenzó con nosotros: se extiende a través de generaciones que moldearon quienes somos hoy. ¿Cómo nos ayudaste a conectarnos con nuestro legado y a entender nuestras raíces?*

1. ¿Qué aspectos de nuestra herencia cultural o familiar querías preservar más?

2. ¿Cómo nos presentaste los lugares, comidas o idiomas de nuestra herencia?

3. ¿Qué objetos o reliquias servían como vínculos tangibles con nuestra historia familiar?

# Momentos Sagrados

*Más allá de las rutinas ocupadas de la vida diaria, creaste espacios para conexiones más profundas y reflexión. ¿Qué rituales o prácticas especiales estableciste para ayudarnos a conectar con algo más grande que nosotros mismos?*

1. ¿Cómo marcabas las transiciones o hitos importantes de la vida de una manera significativa?

2. ¿Qué prácticas ayudaban a nuestra familia a reflexionar sobre valores más allá de lo material o cotidiano?

3. ¿Cuándo y cómo creaste espacio para la gratitud, la reflexión o la conexión espiritual?

# 7

# Pasiones Personales

*Siempre has sido mucho más que solo «mamá» para nosotros. ¿Qué actividades e intereses te han ayudado a sentirte tú misma? Nos encantaría saber más sobre las pasiones que te definen.*

# Proyectos del Corazón

*Todas necesitamos algo que sea solo nuestro, un interés que nos ilumine desde adentro. ¿Qué pasatiempos o pasiones te han cautivado profundamente a lo largo de tu vida?*

1. ¿Qué pasatiempo o interés te ha cautivado más intensamente?

2. ¿Qué habilidades desarrollaste mientras perseguías este interés?

3. ¿Cómo reaccionó tu familia o se involucró en tus pasatiempos o proyectos personales?

# Solo Para Ti

*En medio de cuidar de todos los demás, encontrar momentos que te pertenecieran era esencial. ¿Qué pequeños placeres o actividades personales te ayudaron a mantener tu identidad entre las responsabilidades familiares?*

1. ¿Qué actividades solitarias disfrutabas para tu propio placer?

2. ¿Cómo protegías tiempo para ti misma en medio de las demandas familiares?

3. ¿Dónde en tu hogar creaste un espacio personal o refugio?

# Cuerpo y Movimiento

*Mantenerse activa nos conecta con nuestro cuerpo de formas esenciales para el bienestar. ¿Qué actividades físicas te han traído alegría, retos o relajación en diferentes etapas de tu vida?*

1. ¿Qué actividades físicas o deportes disfrutaste a lo largo de tu vida?

2. ¿Cómo cambiaron tus actividades después de convertirte en madre?

3. ¿Qué te motivaba a mantenerte activa a pesar de los horarios ocupados?

# La Música en Tu Vida

*Algunas canciones se entrelazan con nuestros recuerdos. ¿Qué música ha acompañado tu vida, convirtiéndose en el telón de fondo de tus capítulos más significativos?*

1. ¿Qué canción siempre te hace sentir mejor sin importar qué?

2. ¿Tocabas algún instrumento o cantabas cuando eras joven?

3. ¿Hubo algún concierto o evento musical que dejó una impresión duradera?

# Bailando por la Vida

*El baile despierta algo especial en el alma, ya sea con pasos formales o giros en la cocina con los niños. ¿Cuándo la música movió tu cuerpo y te trajo momentos de pura alegría?*

1. ¿Qué tipo de baile te trajo más alegría?

2. ¿Tomaste alguna vez clases de baile formal? ¿Qué impacto tuvieron en ti?

3. ¿Alguna vez bailaste frente a una audiencia? ¿Cómo fue esa experiencia?

# Magia del Cine

*Las películas nos transportan a otros mundos y, a veces, nos ayudan a ver el nuestro de manera diferente. ¿Qué historias en la pantalla grande capturaron tu imaginación o te ofrecieron un escape perfecto de la vida cotidiana?*

1. ¿Cuál es tu película favorita de todos los tiempos y por qué?

2. ¿Qué géneros de películas has disfrutado más?

3. ¿Hubo algún personaje de película con el que conectaras profundamente o admiraras?

# Entre las Páginas

*Los libros crean mundos privados donde puedes viajar a cualquier lugar mientras permaneces perfectamente quieta. ¿Qué historias te mantuvieron despierta hasta tarde pasando páginas, y qué personajes se sintieron como viejos amigos?*

1. ¿Qué libro tuvo el impacto más profundo en tu vida y por qué?

2. ¿Tuviste algún libro favorito de la infancia que aún conservas?

3. ¿Alguna vez formaste parte de un club de lectura o compartiste experiencias de lectura con tus amigos?

# Tiempo con Amigos

*Más allá de los lazos familiares están las personas que elegiste traer a tu vida. Cuéntanos sobre esas amistades especiales que te ofrecieron risas, apoyo y un espacio donde podías ser tú misma.*

1. ¿Quién ha sido tu amistad más duradera y qué la ha sostenido?

2. ¿Qué cualidades valoras más en tus amistades?

3. ¿Cuál es la aventura o experiencia más memorable que compartiste con tus amigos?

# Colecciones de Tesoros

*Las cosas que reunimos a menudo cuentan historias sobre lo que es importante para nosotras. ¿Has coleccionado algo especial a lo largo de los años, ya sea mostrado con orgullo o guardado en una caja especial?*

1. ¿Qué objetos has coleccionado o reunido?

2. ¿Cómo comenzó esta colección y cómo ha evolucionado?

3. ¿Cuál fue la adición más inesperada a tu colección?

# Aventuras de Viaje

*Viajar más allá de los alrededores familiares despierta algo especial en nosotras. ¿Qué viajes, grandes o pequeños, te abrieron los ojos a nuevas posibilidades o crearon recuerdos imborrables?*

1. ¿Cuál fue tu experiencia de viaje más memorable y por qué?

2. ¿Qué lugar visitaste que se sintió instantáneamente como en casa?

3. ¿Hay algún destino que siempre has soñado visitar pero aún no has ido?

# Creciendo Cosas

*Hay algo sanador en tener las manos en la tierra y ver las cosas crecer. ¿La jardinería o el cuidado de plantas han sido una fuente de alegría en tu vida?*

1. ¿Qué tipos de jardinería o cuidado de plantas has disfrutado?

2. ¿Qué proyecto de jardinería o éxito te dio una satisfacción particular?

3. ¿Tienes alguna planta o flor favorita que tenga un significado especial?

# Más Allá del Hogar

*Ser parte de algo más grande que nosotras mismas nos conecta con la comunidad de maneras significativas. ¿Qué grupos, causas o conexiones vecinales han añadido riqueza a tu vida?*

1. ¿Qué grupos comunitarios, organizaciones o causas han sido importantes en tu vida?

2. ¿Qué tradición o evento comunitario valoras más?

3. ¿Qué has aprendido al trabajar con personas diversas en entornos comunitarios?

# Habilidades Sorprendentes

*Todas tenemos habilidades que pueden sorprender a quienes solo conocen un lado de nosotras. ¿Qué talentos o destrezas has desarrollado que podrían no ser obvios para quienes te conocen?*

1. ¿Alguna vez te sorprendiste dominando algo que pensaste que sería muy difícil?

2. ¿Qué talento o habilidad heredaste de tus padres?

3. ¿Hay algún talento que descubriste más tarde en la vida y que te trajo alegría?

# 8

# Lecciones de Amor y Vida

*Nos has enseñado tanto a través de tus palabras y acciones. ¿Qué lecciones de vida quieres que recordemos siempre? Comparte la sabiduría de tu corazón que esperas que llevemos con nosotras y nosotros.*

# Lecciones Más Difíciles

*Nuestros momentos más duros a menudo nos traen la mayor sabiduría. Mirando hacia atrás, en los desafíos que enfrentaste, ¿qué experiencias difíciles te enseñaron lecciones que no podrías haber aprendido de otra manera?*

1. ¿Qué experiencia te enseñó la lección más difícil pero valiosa de tu vida?

2. ¿Cómo encontraste fuerza durante tus momentos más desafiantes?

3. ¿Cómo decidiste cuándo seguir adelante frente a los desafíos y cuándo tomar un camino diferente?

# De Corazón a Corazón

*Algunas palabras son demasiado importantes para no decirlas: la sabiduría que más quieres que tus hijos lleven consigo. Si pudieras asegurarte de que recordáramos solo unas pocas verdades esenciales sobre la vida y el amor, ¿qué querrías que supiéramos?*

1. Si solo pudieras compartir una lección de vida, ¿cuál sería?

2. ¿Qué sueños tienes para nosotras y nosotros que nunca has expresado?

3. ¿Qué consejo esencial darías sobre cómo encontrar la verdadera felicidad?

# Sabiduría sobre las Personas

*Las relaciones forman el corazón de una vida significativa, pero conectar profundamente con los demás es tanto un arte como una ciencia. ¿Qué has aprendido sobre construir y mantener los lazos que más importan?*

1. ¿Qué relación en tu vida te enseñó más sobre ti misma?

2. ¿Cómo equilibraste el dar a los demás mientras te cuidabas a ti misma?

3. ¿Qué errores en relaciones te dejaron lecciones que nunca olvidarás?

# Bendiciones Inesperadas

*La vida rara vez sigue nuestros planes cuidadosamente trazados, y algunos de sus mejores regalos llegan a través de desvíos no planeados. ¿Qué sorpresas terminaron llevándote a lugares maravillosos que nunca esperaste?*

1. ¿Qué giro inesperado en tu camino te llevó a algo maravilloso?

2. ¿Cómo aprendiste a aceptar la incertidumbre en lugar de temerla?

3. ¿Hubo alguna oportunidad inesperada que casi dejaste pasar pero que decidiste tomar?

# Tu Estrella Guía

*Debajo de las tendencias cambiantes y las circunstancias, están los valores fundamentales que guían tus decisiones. ¿Qué principios han sido tu brújula a lo largo de los diferentes capítulos y desafíos de tu vida?*

1. ¿Qué valores fundamentales te han guiado a lo largo de tu vida?

2. ¿Qué valor heredaste de tus padres y decidiste transmitirnos deliberadamente?

3. ¿Qué valor crees que es más necesario para una vida significativa?

# Errores que Enseñaron

*Nuestros errores, aunque a veces dolorosos, suelen convertirse en nuestros maestros más efectivos. ¿Qué equivocaciones ayudaron a moldear tu comprensión o a redirigir tu camino de maneras significativas?*

1. ¿Qué error condujo a tu mayor crecimiento personal?

2. ¿Qué error desearías poder corregir si tuvieras la oportunidad?

3. ¿Cómo te reconstruiste después de un gran revés o fracaso?

# Decisiones Valientes

*Ciertos momentos nos exigen elegir entre la comodidad y el crecimiento, entre la seguridad y la posibilidad. ¿Cuándo elegiste el camino que requirió más valentía, y cómo moldeó esa decisión lo que vino después?*

1. ¿Cuál fue la decisión más valiente que tomaste y qué te convenció de tomarla?

2. ¿Cómo encontraste la valentía al enfrentar una encrucijada difícil?

3. ¿Cómo decidiste si jugar a lo seguro o tomar un gran riesgo?

# Sueños para el Futuro

*Aunque no podemos ver más allá de nuestro propio horizonte, nuestros sueños se extienden hacia las generaciones futuras. ¿Qué esperanzas tienes para el futuro de nuestra familia y para el mundo en el que vivirán tus hijos y nietos?*

1. ¿Qué sueño no cumplido te gustaría que las futuras generaciones lograran?

2. ¿Cómo imaginas que nuestra familia evolucionará en las próximas décadas?

3. ¿Qué consejo práctico darías a los miembros más jóvenes de la familia sobre cómo prepararse para su futuro?

# Más Historias por Coleccionar

Cada padre y abuelo guarda un tesoro de recuerdos esperando ser compartidos. Nuestros libros de recuerdos bellamente diseñados ayudan a capturar estas historias preciosas antes de que se pierdan con el tiempo.

## Nuestra Serie de Historias Familiares

| Historia de Papá | Historia de Mamá | Historia de Abuelo | Historia de Abuela |
|---|---|---|---|

Disponible en:

• Amazon

• Principales librerías en línea

Regala un obsequio que se vuelve más valioso con el tiempo, porque la historia de cada miembro de la familia merece ser contada, compartida y atesorada.